Der Speichelfluss in deinem Mund
hält deine Zähne ganz gesund.

Der Speichelfluss mit seinem Zauber
hält deine Zähne lange sauber.

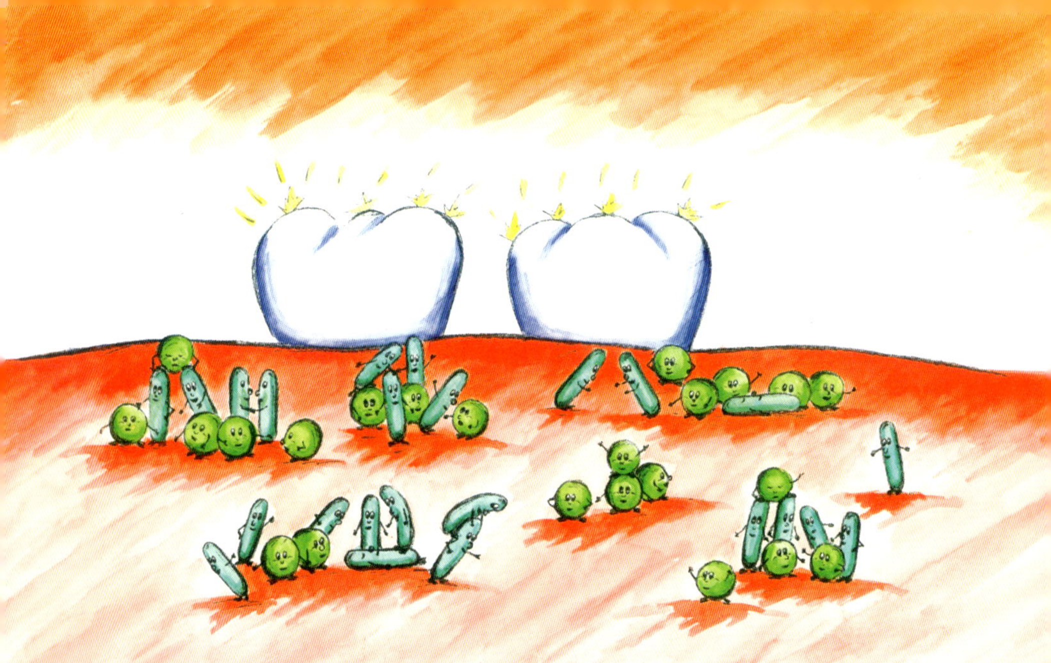

In jedem Menschenmund da wohnen
kleine Bakterien, viele Millionen.

Kinder, das ist ganz normal,
Bakterien sind überall.

Streptos und Kokkos, die Bakterien,
sind hungrig und machen niemals Ferien.

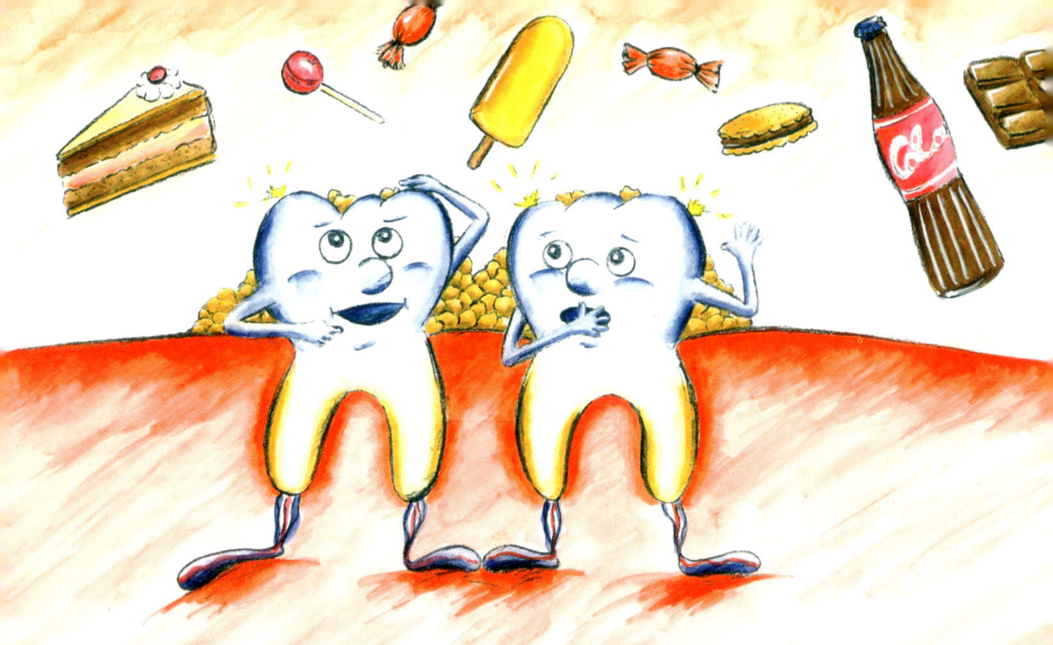

Denn Menschen essen sehr oft Zucker,
oh ja, das ist Bakterienfutter.

Am Zahnfleisch und in allen Ecken
kann der Zucker sich verstecken.

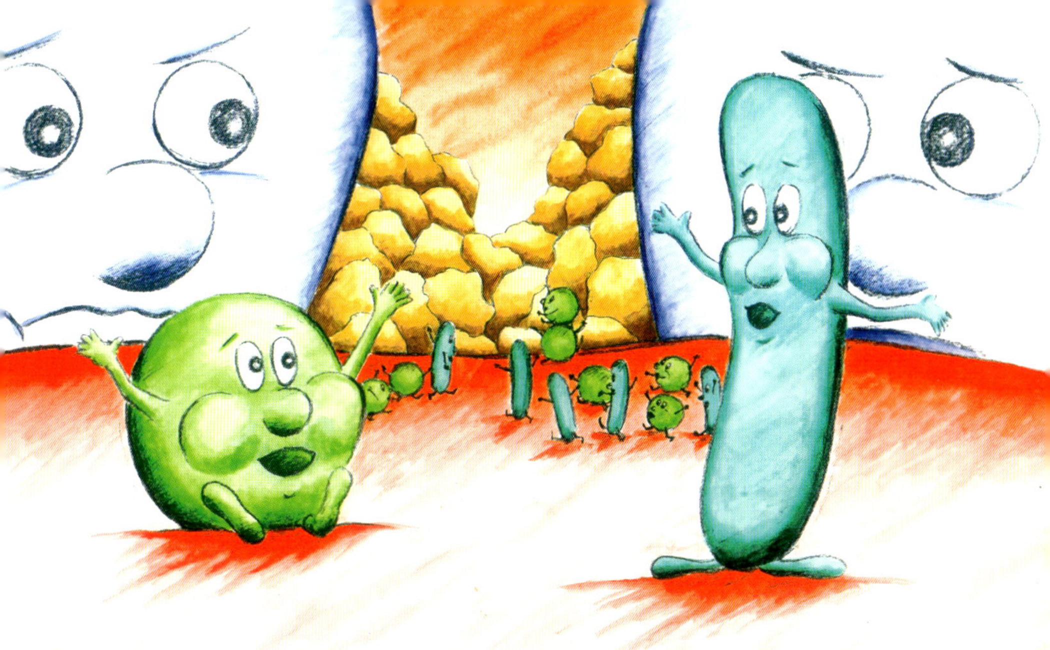

Da singen alle Streptokokken,
die in den kleinen Ecken hocken:

„Wir fressen aus den Ritzen
und fangen an zu schwitzen.“

„Wir schwitzen und wir fressen fest
und bauen uns ein Klebenest."

„Wir bauen, schwitzen jeden Tag
einen dicken Zahnbelag."

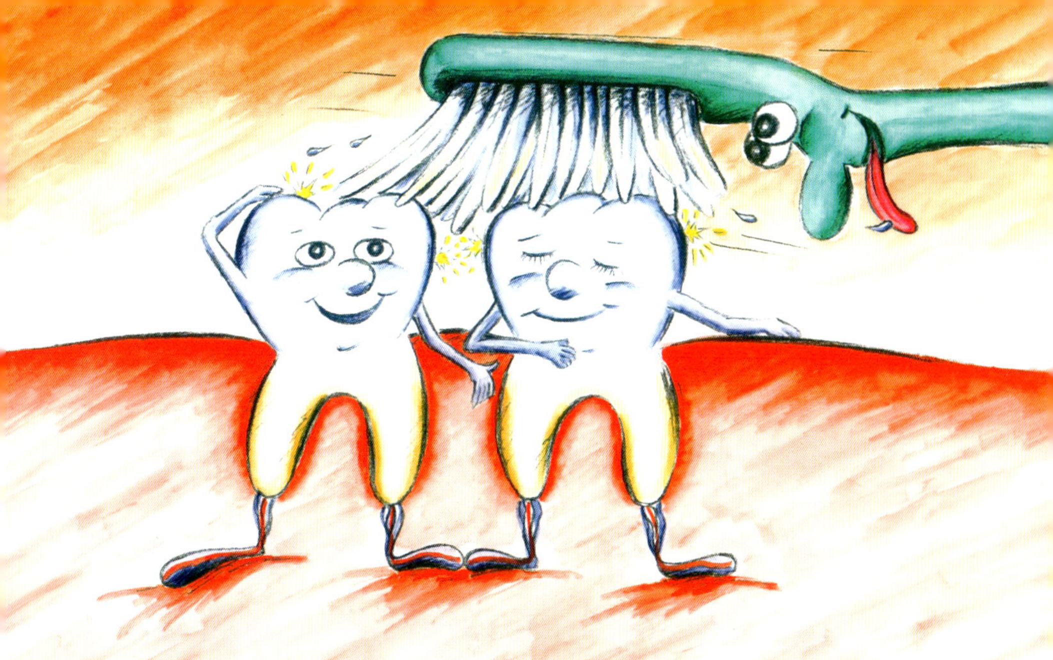

Doch mit der Bürste Wunderzauber
bleiben deine Zähne sauber.

Den Zahnbelag aus allen Ecken
darf deine Bürste sauber schlecken.

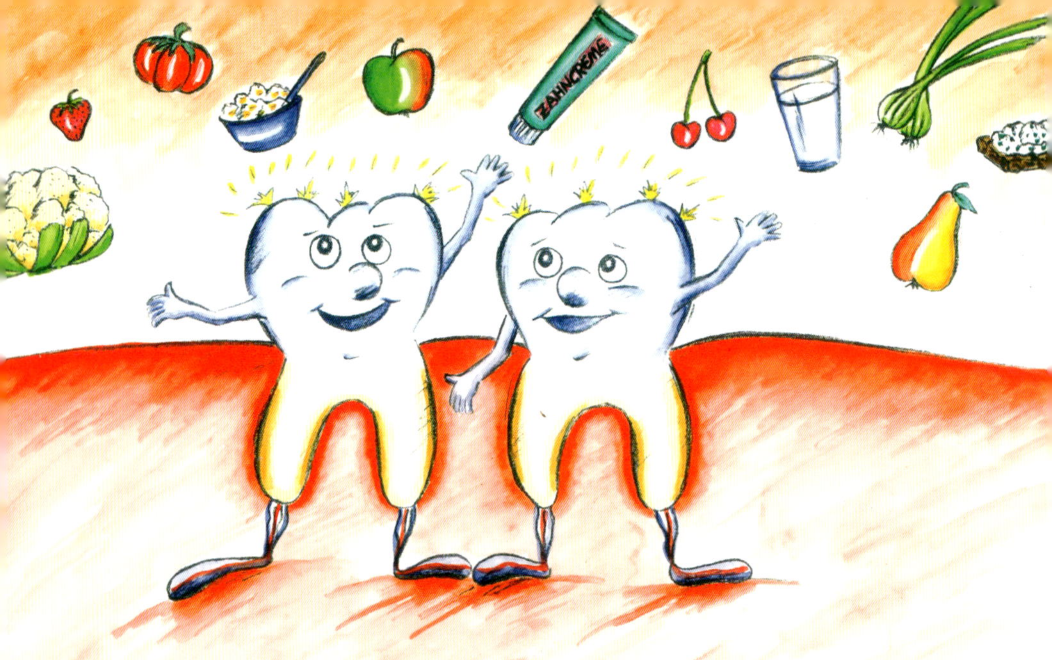

Zwei mal am Tag die gute Creme
beschützt die weißen Kinderzähne.

Auch Obst, Gemüse, Milch und Quark
machen Kinderzähne stark.

Wer hilft dir noch? Wer ist so schlau?
Der Zahnarzt oder seine Frau.

Mit einem schönen Silberstab
entfernt er deinen Zahnbelag.

Schau nur, wie die Zähne blinken
und wie sie wieder fröhlich winken.

Die Streptokokken schwitzen nicht
und bleiben schön im Gleichgewicht.

Und wen all das nicht interessiert,
ja der bleibt schmutzig und verschmiert.

Dem frisst die Säure, armer Pelz,
kleine Löcher in den Schmelz.

Wer repariert? Wer hilft dir dann?
Die Zahnärztin oder ihr Mann.

Öffne deinen Mund ganz weit,
der Zahnarzt hat für dich viel Zeit.

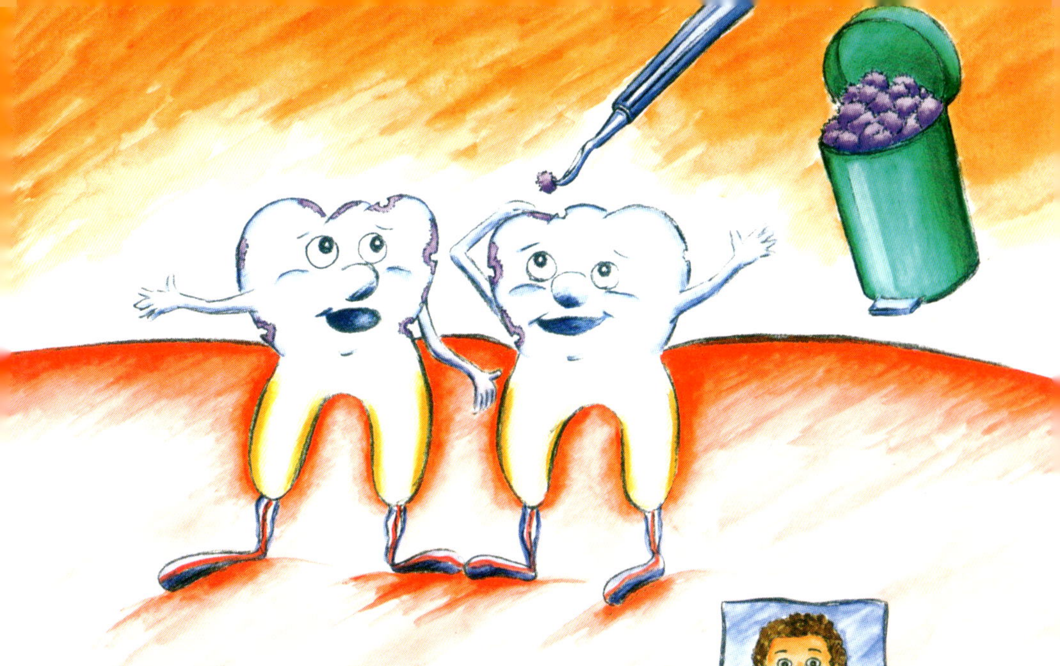

Mit Vorsicht und mit viel Gefühl
wirft er die Flecken auf den Müll.

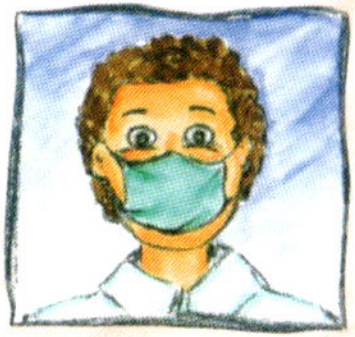

Und 1, 2, 3 ganz schnell im Nu
machen sie die Löcher zu.

Das tut vielleicht ein bisschen weh,
so wie ein Purzelbaum im Schnee.

Doch alle Kinder werden stark
mit Obst, Gemüse, Milch und Quark.

Nun sag, war die Geschichte schön?
Dann lass uns in den Waschraum gehn.

Und mit der Bürste Wunderzauber
bürsten wir die Zähne sauber.